AF331764

I 27
30333

(Conserver la Couverture)

Notice biographique

SUR LE DOCTEUR

HECTOR JANTET

PAR

Le Docteur CRESTIN

LYON

IMPRIMERIE ADMINISTRATIVE DE V° CHANOINE
PLACE DE LA CHARITÉ, 10

1878

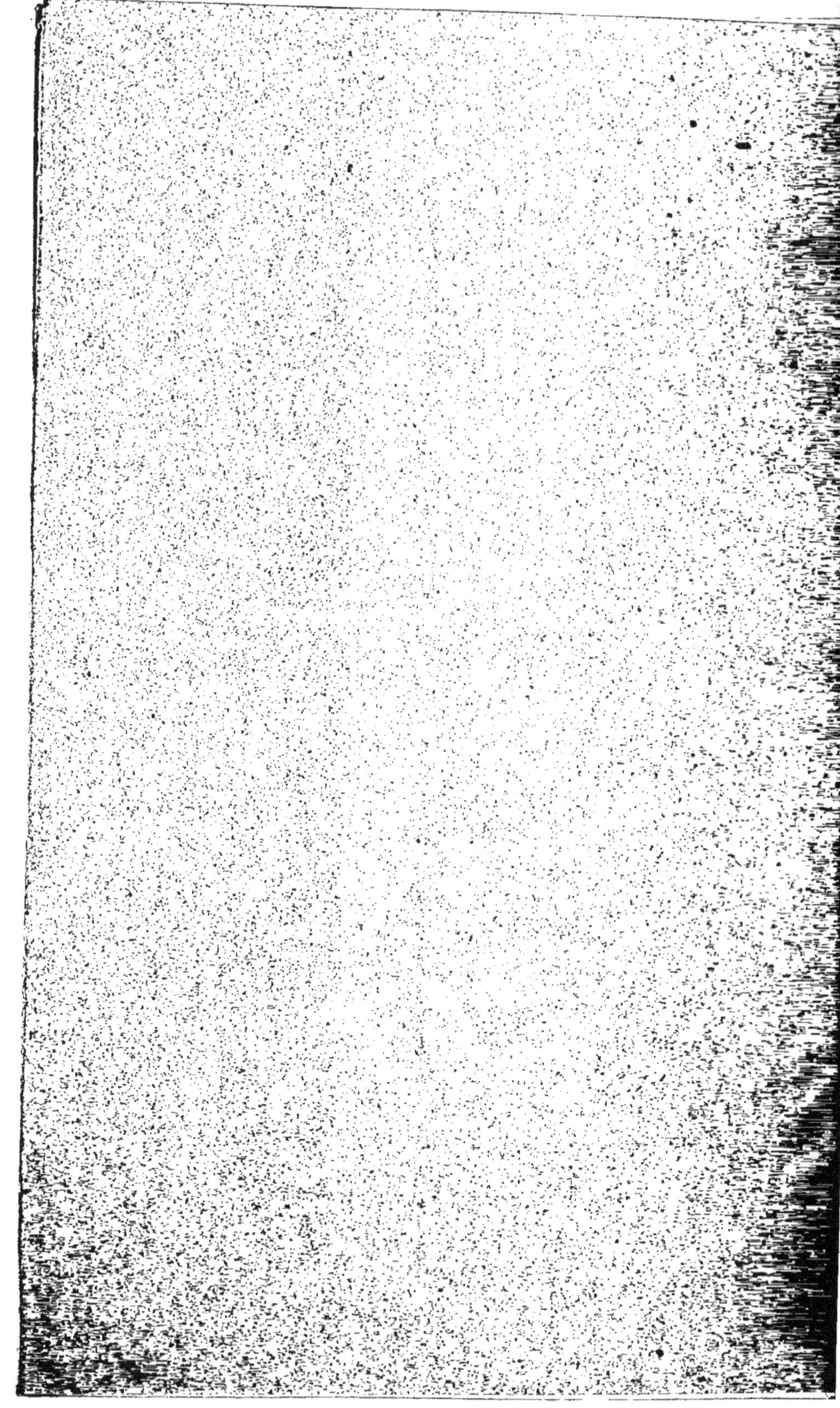

DÉPÔT LÉGAL
Rhône
N° 279
1878

BIBLIOTHÈQUE
R.F.
IMPRIMÉ

HECTOR JANTET [1]

La première fois que je vis Hector Jantet, je vis aussi son frère Charles C'était
au *Tiercelet* de l'Hôtel-Dieu, le berceau
de plus d'un médecin dont Lyon s'honore
à juste titre.

C'était le 14 ou le 15 juin 1849, je pas-
sais dans ma ville natale, me rendant à
Versailles, où le ministre de la guerre
m'envoyait pour être surveillé. Mon crime
était d'avoir attiré, par des conversations
trop républicaines dans un autre hôpital
militaire, l'attention malveillante des
créatures dont Bonaparte, président de la
République, peuplait déjà les établisse-
ments de la République.

Ce 14 juin, la Croix-Rousse avait pris
les armes, pour défendre la constitution
violée par l'assaut livré à Rome, par les
troupes françaises. La nouvelle était an-
noncée par une dépêche affichée place des
Jacobins (place de la Préfecture). Cette
dépêche était fausse.

Le *Tiercelet* était bouleversé, on y con-
naissait la provenance apocryphe de la
funeste affiche. Des camarades téméraires,

(1) Notice publiée dans le *Progrès* du 24 mai 1878.

les Dubreuil, s'y étaient laissés prendre :
Ils avaient été vus au feu, au premier
rang.

Les conciliabules tenus successivement
chez chacun des internes répub'icains
avaient rempli la journée. Au moment où
je me rendis au *Tiercelet*, la réunion avait
lieu chez Chavanne.

Tiersot déversait sa bile en calembourgs
acérés.

Chavanne s'efforçait de prévoir et d'as-
surer aux Dubreuil les moyens de s'échap-
per de Lyon, puis de la France.

Quant aux Jantet, leur indignation n'a-
vait pas de bornes. La fatale victoire
d'Oudinot les mettait hors d'eux-mêmes.
Quelques jours après, les deux frères de-
vaient être arrêtés dans les salles de l'Hôtel-Dieu, à trois heures, au moment où
ils pansaient leurs malades.

A partir de cette époque je les eus en
profonde estime. Devenu plus tard leur
confrère en médecine civile, je n'ai jamais
cessé de constater leur exceptionnelle droi-
ture privée, politique et scientifique.

L'histoire d'Hector Jantet est insépara-
ble de celle de son frère Charles. Ils étu-
dièrent ensemble leur profession ; ils écri-
virent de concert, bien que Charles, peut-

être dominé par un sentiment de fraternité presque religieux, lui qui l'est si peu, — du moins au point de vue de M. Dupanloup — se fasse un devoir d'attribuer à Hector la principale part dans leurs œuvres communes. Notre ami M. Thauly les a parfaitement dépeints sous ce rapport.

Voici du reste chronologiquement les jalons de cette double carrière :

Hector Jantet est né à Poncin (Ain), en août 1827, Charles en 1825. La date de leur naissance est la seule différence biographique qu'au point de vue de leur action dans le monde, il soit possible de nettement établir.

Hector Jantet commença ses études au collége de Menestruel et les termina au Lycée de Lyon. Il fut reçu bachelier ès lettres en 1845.

Il débuta dans l'étude de la médecine en 1846, et fut reçu bachelier ès sciences la même année ; au milieu de cette année aussi, il fut nommé lauréat de l'Ecole de médecine. L'année suivante, 1847, il fut encore nommé lauréat de la même école. Deux ans après son début, il fut reçu interne des hospices de Lyon (1848).

En 1852, il refusa de prêter serment à Bonaparte et par suite de ce refus perdit sa place d'interne obtenue au concours.

Ce fut en 1853 qu'il passa sa thèse de docteur, à Paris, où il avait subi ses examens ; il avait vingt-six ans.

Il s'établit docteur en médecine à Lyon l'année suivante, en 1854.

En 1856 il publia un ouvrage intitulé : *Conseils hygiéniques à la classe ouvrière.*

En 1860 il publia un ouvrage intitulé : *De la vie et de son interprétation dans les différents âges de l'humanité.*

En 1864 il publia un ouvrage intitulé : *La Vie de Jésus.*

En 1866 il publia un ouvrage intitulé : *Doctrine médicale matérialiste.*

En 1877 il publia un ouvrage intitulé : *Politique républicaine.*

En 1878, il travaillait à un ouvrage qui devait paraître incessamment sous le titre de : *Philosophie scientifique,* quand il eut le même sort que Paul-Louis Courier, et fut assassiné le 3 mai, à 4 heures du soir, ainsi que le démontra l'autopsie qui fut faite de son corps le 16 mai 1878.

Comme on le voit, la double vie d'Hector et de Charles Jantet, à ne consulter que ces jalons imprimés, constitue une histoire des mieux remplies.

Le caractère général des ouvrages que

je viens de citer, et dont j'ai parlé plus
d'une fois dans le *Progrès*, est une in-
flexible sévérité dans l'observation, suivie
d'une logique implacable dans les consé-
quences multiples qu'en tirent les au-
teurs. Du phénomène physiologique qu'ils
étudient froidement, laborieusement, ils
s'élancent résolument dans le domaine de
la sociologie, qu'ils considèrent comme une
dépendance de la physiologie même. Ils
réalisent en pratique cette conception un
peu confuse d'Hippocrate, qu'il n'y a au
monde qu'une science : la science de
l'homme, et qu'aucun problème ne peut
se résoudre rationnellement sans l'étude
de la physiologie, dont les éléments sont
aussi la physique, la chimie, l'histoire
naturelle, etc. Quand on lit leurs livres,
cet aphorisme d'un ancien vous revient
sans cesse à l'esprit : « *homo sum, nil hu-
mani a me alienum puto.* »

Le médecin, tel qu'il est livré à la so-
ciété au sortir des hôpitaux, par la nature
de ses études, par la franchise de sa jeu-
nesse, est foncièrement dédaigneux des
conventions du monde et de la mode. S'il
n'avait qu'à obéir ensuite aux indications
objectives que lui donne son observation
des individus, des classes sociales, des fa-

milles, le praticien serait un magistrat
d'un ordre particulier, un mentor inac-
cessible aux transactions, avec les vanités
des discoureurs, des comédiens, des im-
portants, des naïfs et des hypocrites. Mais
le médecin a d'autres vues que celles de
la science pure. Il est homme, il aspire
au bien-être ; il désire être bien accueilli,
et mieux payé. Il met souvent un masque
sur son dédain, et caresse fructueusement
les *dada* d'autrui. L'homme du monde
finit par dénaturer l'homme de la science.
L'étudiant républicain et voltairien finit
par se transformer, par se déformer, di-
rai-je mieux, en homme de bonne com-
pagnie, plein de ménagement pour les
ridicules qu'il faut accepter, et pour les
sottises qu'il ne faut pas brutalement ana-
lyser. Bien plus, il arrive à ce point de
trouver choquant qu'on soit vrai, et de se
faire le champion des idées les moins rai-
sonnables, des *à priori* les moins jus-
tifiés.

Ceux, en petit nombre, qui, pour ne pas
fausser leur caractère et pour conserver
leur franc-parler, s'éloignent des salons
où l'on cause, pour fréquenter les cabinets
où l'on étudie et où l'on raisonne ; ceux
qui font fi des cercles où l'on empile des

adhérents de toutes les robes et de tous les degrés intellectuels sous une commune étiquette, — cercle catholique par exemple, — ceux-là, parmi les médecins, ont fait d'avance le sacrifice d'une opulente clientèle. Voilà pourquoi les étudiants devenus docteurs bifurquent dans le chemin de la vie. Les uns, comme les Jantet, conservent leur rude franchise d'étudiant, leurs sarcasmes contre les préjugés contemporains, leur amour des recherches et des études encyclopédiques, — suffisant du reste à toutes les charges que leur imposent des affections inaltérables aussi bien que la vie sociale, au moyen d'un travail pratique ininterrompu.

Les autres, au contraire, vont aux honneurs et à la fortune. Ils ont appelé les Jantet « des paysans du Danube ».

Que les Jantet se gardent bien de se révolter contre cette appellation superbe, au milieu de ce siècle de faiseurs et de politiciens. Selon moi, tout ce qu'on peut dire de plus élogieux pour la mémoire d'Hector Jantet, c'est qu'il a su mériter ce titre : « Paysan du Danube », par son opiniâtreté au travail, par sa franchise, par l'inflexibilité consciencieuse de ses théories, par la foncière bonté de son cœur.

Ce « paysan du Danube » a mérité des regrets et des amitiés que ceux qui l'ont ainsi baptisé ne laissent pas souvent. Il avait des habitudes d'ordre telles, qu'il inscrivait chaque jour ses pensées principales, ses projets, ses actes de la journée sur un agenda particulier. Pendant le cours de sa dernière affection, il continua ces transcriptions, qui ne s'arrêtent que le matin du 6 ou du 7 du mois de mai.

Il écrivait le soir même où il fut frappé : « J'ai reçu à quatre heures et demie du soir un bien mauvais coup sur la tête ; je n'ai pu suivre le coquin ; j'étais tout étourdi. Est-ce un malfaiteur ? Est-ce un émissaire de certaines gens ? Je penche pour ce dernier sentiment. »

Celui qui l'a frappé avait bien l'intention de le tuer : le coup a été si violent, que son chapeau en a été brisé. C'est à la justice désormais qu'il appartient de découvrir l'assassin. La fin d'une carrière si bien remplie, ne peut rester ainsi l'objet des hypothèses souvent regrettables de l'opinion désorientée. Les républicains, devant ce mystère de la tombe de Jantet, veulent que la lumière se fasse.

Dr CRESTIN.

8152. — Imp. N. CHANOINE, à Lyon.

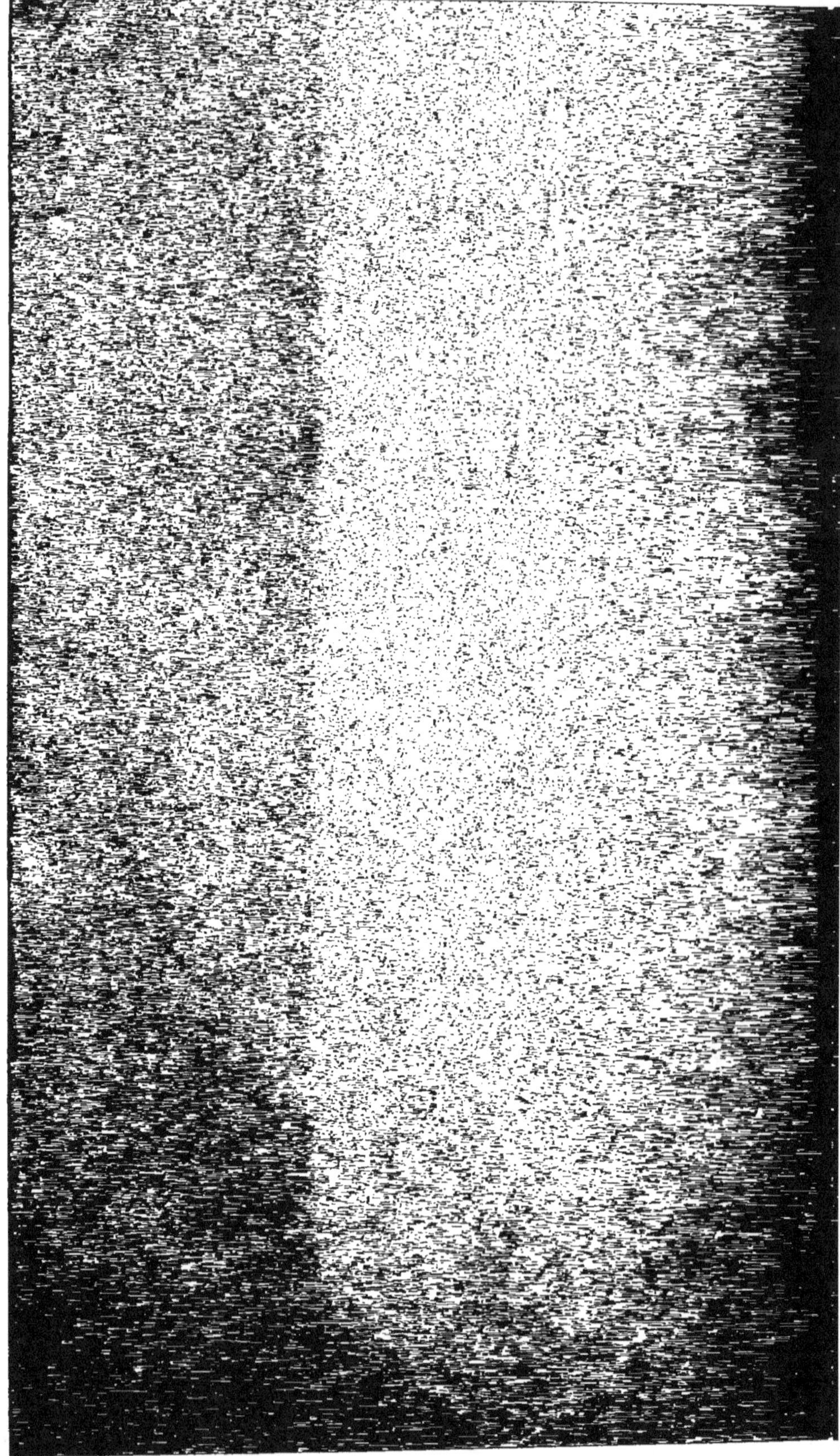

BIBLIOTHEQUE NATIONALE DE FRANCE

3 7502 010001116 4

www.ingramcontent.com/pod-product-compliance
Lightning Source LLC
LaVergne TN
LVHW021758030726
842523LV00003B/1087